AF508839

Castagnino, Marina

  Semieterno : poemario / Marina Castagnino ; Prólogo de Gonzalo Aguerrido. -
1a ed. - Ciudad Autónoma de Buenos Aires : Marina Castagnino, 2023.

  73 p. ; 22 x 14 cm.

ISBN 978-631-00-0620-8

1. Poesía. I. Aguerrido, Gonzalo, prolog. II. Título.
CDD A861

Semieterno

Semieterno

Poemario

Marina Castagnino

con prólogo de Gonzalo Aguerrido

Índice

Prólogo..13

Bienvenida..16

El Temple de Las Almas...18

El Segador..20

Abismo...24

Instante..28

Semieterno I...30

Semieterno II..32

Semieterno III...34

Semieterno IV...36

Semieterno V..38

Semieterno VI...40

Semieterno VII..42

Semieterno VIII...44

Semieterno IX...46

Semieterno X..50

Semieterno XI...52

Semietrno XII...54

Semieterno XIII...58

Semieterno XIV..60

Semieterno XV...62

La Constancia De Abandonarlo Todo...64

Absurda Persistencia..66

Ironía..70

Prólogo

Por Gonzalo Aguerrido

Dadas las altas sensorialidades, y en mera consonancia con las más astrales búsquedas de Olga Orozco, también fantásticamente quizá irrumpiendo, Marina Castagnino nos allana el camino aunque sea para apresarnos con su refinado caudal de palabra afín reunida, animada a hacer volar la honesta sensación de que entre sus líneas sin duda hay algo más.

Podría establecer que vuestra joven colega pampeana inspira ciertas expresiones como latido bien nacido, que se apoya segura yendo al compás de la dedicación de estos relatos, que íntimos se abren y cuando quieren se cierran, dejando claros tras su fluir pasajes plagados de significado, imágenes de hadas que nadan oscuras aguas, miles de certezas por si acaso oscurezca...

En Marina el uso de las rimas no es para mentes anodinas, incluso se alternan simbióticamente con la persona que narra, absorbiendo con avidez representativa una trasposición que sitúa allí a unx sujeto que lee.

No es añadir páginas sin trascendencia al acaudalado bagaje de expresiones que hemos decidido llamar poesía, ni debería ser aquel material perdido en los anaqueles a causa de tanta información suelta física o virtual; menos verse como otra de las cansadas obras o cosas extinguiéndose en la nebulosa incomprensible.

Sentido y dirección imprime el primer poemario de Marina, sensible deja abierta la puerta para que salgamos hechxs más que un (x) (a) simple mortal, así cada quién que pase no sólo vea, sino que cuando asimile, llegue también a crear...

Inclinense pues entonces con toda la confianza al convite de dicha lírica, luego de esta inmersión ya nada se podrá subvertir.

Bienvenida

Caminé con desparpajo en las tinieblas
Y con desenfreno en las aguas trémulas
Abstemia en las estepas
Y luminosa en las cisternas

Desgasté colores en cada guerra
Amalgamé fantasmas y destruí quimeras
Atravesé cual viento todas las fronteras
Absorbí culturas y bendije diademas

Ante mí se transparentaron todas las fortalezas
Percibí el susurro de todas las esencias
Fui libre en las colmenas
Y estoica en la miseria

Sufrí las suspicacias que conspiran las destrezas
Bebí sombras y vomité sistemas
No languidecí en la tristeza
Mis lágrimas brillaron en la belleza

Sufrí la furia del desarraigo y el dolor de la certeza
Lucí orgullosa el talismán
protector de lo que no se me permitió revelar

En mi caldero se forjaron
todos los humos del pasado
Mis tintas desplegaron cada ensueño marginado
Solté cadenas, conduje esclavos

Mis rugidos no vacilaron,
 enfrenté futuros,
malgasté espasmos

Todas mis realidades fracasaron
Huí siempre que mis raíces indagaron
Disfruté la gloria de la victoria silenciosa

No perdí tiempo en preparar la batalla final:
siempre supe que jamás llegará
Mas cuando la superficialidad crónica nos invite a
                                        [despertar
Conocerán nuestro aullido y regresarán.

El Temple de Las Almas

Hay un fuego calmo
que protege la esencia
de todo lo sagrado

que sabe defenderse
de todo lo que hiere
derritiendo todo lo que intente poseerle

Y transforma
los erguidos costillares
en alas de mariposa
que se extienden libremente
en todo lo que acontece
convirtiendo todo lo deseado en todo lo
[existente

Enviando a la sombra más profunda todo lo
[aparente
para danzar en la calidez
de todo lo que se siente

y atizar los colores en que anidan
las hondas raíces de cada vida
para derramar sobre ellas sabiduría

que las cobijará el tiempo justo hasta que
[exhiban
la nueva fuerza que ilumina
todo lo que empieza y todo lo que termina.

El Segador

Querías que todo se moviera
como un enloquecido péndulo perfecto
para que la oscilación sea acción en la que
[parezca
que se unen los extremos
y que en reposo se disipe ese misterio
porque ya no querías que se te opongan por
[ignorancia:
querías ser confrontado en conocimiento

Estabas harto de que se escondan
en la grandilocuencia del concepto
querías que te escuchen con extrañamiento
y que te respondan sin enjuiciamiento

Pero te quisieron destruir
nombrándote decantador de materia hostil
¡A vos! que siempre fuiste portador de la
[Belleza
y que tu presencia siempre fue
la llave de todas las esencias

Porque te habías enfrentado al Gran Filicida
que en su afán perfeccionista
rompía todas las cosas que no le convencían
y también dejaba huérfanas
las cosas que te eran más queridas

Y te dedicaste a acunarlas
todas en tu pecho enorme
y en tus brazos contuviste
todo lo que habían dejado sin nombre

Y yo te he visto espesando
todo tipo de sutilezas
 para transformarlas en materia
y te he visto tamizando
las arenas
en busca de todo
lo que merece renacer como esencia

¡Todo lo que practicas es sagrado!
Los manantiales de la Vida sonríen y hacen
reverencias a tu paso

Y desde siempre te has reído
de las solemnidades con las que pretendían
estar creando entes distintos

Porque sos el único
que le pone el cuerpo a Todo lo profundo
y es tu risa la que produce los encuentros
que traen al corazón todo lo verdadero
conmoviendo y liberando eso que no existe
si no se conecta el alma entera

con la celebración a la que nos invitas
cuando por fin somos capaces de percibir
las iridiscencias que habitan en las melodías
con las que vas tejiendo todos los mundos.

Marina Castagnino

Abismo

El flujo de las suertes me llevó
por un sueño que no fue reparador
pero sí autoconsciente y carente de dolor

Yo subía con expresión absurda
a esa libertad, siempre tan oscura
como ese hueco,
receptáculo de algún sitio infinito
donde se interseca todo lo que es
eternamente final y eternamente principio

Donde mueren
(inútiles) las verdades que no sienten
y son fomentadas
todas las fantasías bastardas
Donde son fulminadas todas las poesías
carentes de esperanza encendida

Y (nuestra vida) esa minúscula chispa universal
al fin se atreve a comprender cual es su lugar
Llevándose consigo todos los desiertos y
[laberintos
todos los colores y los juguetes perdidos

Y por fin nos dejamos atravesar
por la sublime tenacidad

de nuestras gloriosas vulnerabilidades

Reconociéndonos chiquitos e inconstantes
risueños e intocables
alegres y atormentables

Fluyendo a la existencia
venciendo todas nuestras ansias de
permanencia
sin deseos mutilados ni cantospremeditados
sin futuros asfixiantes ni sentidos derrocables

Y aticé con optimismo ensordecedor
esa fuerza rugiente en mi interior
que no era todopoderosa ni omnisciente
no era mesiánica ni inteligente

Sin embargo contenía
en su espesor
la semilla
de todas las muertes que engendran vida

Fue un espectáculo tan adentellado y tan
                                        [bizarro
que me sorprendió haber sido capaz de
                        contemplarlo sin espanto
Y me dejé alcanzar
con los brazos tan abiertos como fui capaz
Porque recibir y contener

esa beatitud en mi pecho
no es otra cosa
que aferrarse a esa capacidad de encarnizar
todos los clichés sin vergüenza ni piedad
con desenfreno y sin moralidad
con el más entusiasta de los ánimos
y sin la menor noción de la realidad

El sí rotundo al cuerpo como receptor
traductor, constructor y transmisor
de todo discernimiento y creación

El no absoluto a la renuncia como
intermediaria para la liberación
de todo lo que hierve en su interior

Y llegar al vago recuerdo
de cada instante feliz
y comprender, por fin
que para lo único que estamos aquí
es aprender a reír

Instante

Creí en la estrella diminuta
que en su corazón enorme
opaca las fases de la luna

que no dejan de ser distintas
que no deja de ser una

Creí en la estrella diminuta
que en su inmensa ternura
me pedía que salga
que me encuentre con la luna

que se mueve pero no se muere
y me espía, desde la ventana
invitándome a pasear

Creía en la estrella diminuta
que antecede la mañana
invitándome a jugar

y tal vez quiera saber
qué seré de mí
que siempre fui lo mismo
y siempre por venir

Creí en la gran estrella
que no por su disfraz de diminuta
deja de ser siempre bella

que de tanto dar luz a mundos diferentes
la mía, cada vez más incandescente,
no deja de parecerse, cada vez más, a ninguna

Semieterno I

Sentí el inquebrantable peso
del intenso manto de inmenso silencio
Haciendo intermitente el intrínseco encuentro
que celebran alma y cuerpo

Y no me dolió que se abrieran
cicatrices extrañas de antiguas guerras
Ni esas lágrimas que hormigueaban
mientras mis dedos que no estaban

Era como si se forjara
el duelo con un querido hermano de alma
y me recibiera una presencia sabia

Con la certeza de experiencias
que habían dejado huellas
y habían sido sanadas

Y agradecí sin saber lo que sentía
Porque yo sé que soy de un día

Y el día va a llegar
atravesando todo dilema moral
que confunde alivio con felicidad

Y no supe si quería sentir
todos esos fragmentos de mí
yuxtapuestos en una realidad

porque no quería sobre mí
esa consciencia que condena
la liberación a una trabajosa relación con la
eternidad
Y no me importó que el alma no sea fugaz

Era demasiada información para procesar
Y yo, que creía haber renunciado a toda
conexión con lo trascendental
aturdiendo mis sentidos para evitar contactar
con todo lo que suponía debía transformar

Quise regresar
a mi estrella mortal
sin el desgarro
que me quedaba por expresar

Sin todos esos estratos
que me quedaban por investigar
Quise ser irrelevante para sentirme real

Semieterno II
Confesiones desde el aljibe

Acaso creas mi destino
involucre cruzarme en tu camino
para iluminar las grietas del abismo
que refugia aquello que has despojado de
sentido

Mas yo habito ese escondrijo
donde se sublevan
todas las cosas irradiantes de esencia
Y todas las vertientes
agripicantes e inconexas
expanden impunes su presencia

Y no burlarás la permanencia
hasta que no aprehendas
que la lágrima más sentida
siempre se presenta
en ese desgarro
que se pretende altruista

y sin embargo
no deja de ser tan indeleble como egoísta

Y no emergerás de la cisterna
hasta que no encuentres
en la profundidad de cada palabra
su capacidad innata
para condensar todas las convergencias
que habitan el alma
convirtiéndose en la llave de todos los
candados
que sujetan el mañana

Pues nunca es leve la estadía
en la frontera de las vidas
Y la palabra es savia de energía que enraíza
todo lo que perece y todo lo que dura
transmutando todo lo que muerde
en todo lo que cura

Marina Castagnino

Semieterno III
Sobre la intención inútil

Quise estrechar
la distancia entre mis cultos
Para estrellar
todas las conciencias que habitan mis
[submundos

Y nadar
en la incertidumbre
que siempre invita a vislumbrar
lo más recóndito de cada profundidad

Quise abstenerme de luchar
y sumergirme de una vez en todos mis sustos

Para internalizar
todas las eternidades que atraviesan el
segundo

Y participar de todos los desencantos que
rompen la servidumbre
Para abastecerme de la intensidad
en la que se forja toda natividad

Quise abrazar
cada instante de mi preciada vulnerabilidad
para hundirme en densidad que salva
la festividad que alberga el alma

y por una vez convertir todos los sustantivos
[en verbo
y todas las sombras en sueños
y todas las ansiedades en misterios
en los que se disuelvan todas las constancias
que le roban complejidad al tiempo

Semieterno IV
Arquetipo

Que diga lo que piense
y haga lo que dice
Que se angustie ante la demanda
de interpretación de la palabra
que trasciende la idea para atravesar y nutrir
[almas

Que en sus lágrimas condensadas
fluya la brillante tibieza
que abriga, protege y purifica
todo lo que nos encuentra,
nos funde, nos salva y nos da vida

Que siempre se rebele
ante el tedio y la impotencia
Que revele todo el deseo y la inocencia
Que no se incomode ante el silencio
Que su pensar y sentir brote del mismo nexo
que habita en lo más profundo y vibrante de
[su cuerpo

Que no esconda las llagas
que supuran desde todo lo que lo desgana
Que en sus abrazos sea abrasado
todo lo que necesita escindirse para ser
                                    [reciclado

Que sepa llorar hasta asfixiarse en carcajadas
Que responda a la solemnidad con desparpajo
Que sublime las inconstancias
que rompen con las estructuras rancias

Que siempre sea constante en la experiencia
que lo transforma
para forjar en su ser la capacidad de disolver
                                      [y recrear
todos los colores y todas las sombras

Semieterno V
El Encuentro

Te he visto sentado
en las entrañas del bosque velado
donde nacen las iridiscencias
y descansan las mutilaciones imperecederas
donde se desintegran los muros que ocultan
el pasado
y convergen las fronteras
que conectan las esencias

Te cubriste en tu capucha
para resguardarte de la furia
del desvastador hallazgo
  del infante que no había podido ser liberado
porque su fuego interno no había sido sellado
Y te sentiste frustrado
por la forma en la que lo habías encontrado

Cuando me acerqué ofreciste tu cara a la luz
[del claro
y vi tus lágrimas cual hilos de cera y agua de
[sal
que corrían porque tenían la necesidad de
[sedimentar
lo poco que había quedado del alma que fuiste
[a buscar

Me dijiste que era muy difícil restaurar
el fragmento escindido de un alma fugaz
Y me miraste sosteniendo en tu mano
un cristal blanco
que oscilaste ante mis ojos
diciendo que así es como nace el corazón
                                        [humano

Y me contaste que al principio
no había barro ni sangre ni espanto
sino una incandescente luz intensa
que necesitaba que se protegiera
 para que la conexión con la divinidad
no se desvaneciera

y la importancia del ritual
para que no se desgaste lo inmortal
Y me dijiste que es mentira
todo lo que sabemos del bautismo y las
                                        [espinas
porque se trata de consagrar el cuerpo mortal
para despojarlo de toda orfandad
conectando a los antepasados con la
                                        [posteridad
para forjar toda luz y toda verdad
y todo encuentro con la Voluntad
sin que se desgarre jamás
su propia integridad

Semieterno VI
Partida

Tus manos se enraizaron
en eso que aún creías
que debía ser salvado

Y mientras iridiscente la polvareda te
envolvía
como si fuera un rezo respondías:
no permito que me bendigan
porque su presencia aquí es maldita

Y soplaste en el centro de la vida
quise gritarte ¡No brilles hacia fuera!
¡No te desvanezcas!
Y te reíste de esa fuerza que se conservaba
irredenta

Nos abrimos hacia el claro porque sentimos
que llovía
iluminando todas las sombras que
engendran pesadillas

Y sentimos que el mundo nos absorbía
en todos sus colores mientras amanecía

Y nos dejamos llover en ese fuego que caía
Parecía que cada esfera de luz primigenia te
                                    [reconocía
abrazando tu ser por siempre entero mientras
                                    [te ibas

Y desde mi cáscara dolorida
el eco de un deshielo que se expandía
horadando los refugios subterráneos que me
                                    [abastecían
insuflaba ganas desabridas a lo que aún latía

Y   necesité   sentir   eso   que   siempre   fui
                          [hartándose de mí
para vaciar todo eso que se arrastra desde
                                    [adentro
Y volver a surgir desde esa chispa indómita y
                                    [sutil
que enhebra todas las experiencias en las
que se nutre el existir

Semieterno VII
Dejando Ir

Oí tu llamado en la tormenta
tu voz muy cerca
y tal vez llegase de alguna estrella

Salí a la noche
esperando recibir el día
y noté mucha ternura en tu bienvenida

Se acercaba la luna nueva
no quería granizo y sangre
solo quería que llueva

y que vengan esos dioses
que son buenos
y me laven y me abriguen con su beso

y que se lleven todo lo que me ata
para que mis dedos extendidos sientan todo
y sean alas de mis brazos convertidos en
[ramas

y que mis pies descalzos sientan el placer
del barro
y se nutran enraizados en las aguas
subterráneas
que guardan la sabiduría condensada
de las fuentes olvidadas que siguen siendo
sagradas

y que me revelen lo muy tan obvio de cada
encarnadura
y que todo lo que es atravesándome
sea más que pura nomenclatura

y que no existan penas sin cura
ni verdades sin duda
y que no haya nada que no fluya

Semieterno VIII
El Compañero Auténtico

Desde la noche más calma
que es también la más intensa
Se acerca brillando la esquirla de una estrella
que todo lo contiene, que todo lo libera

que no deja que el dolor llegue
cuando ya no tiene sentido que duela
que no deja que el infinito muera
sin que nazcan las eternidades que nos
marcan

que crea todas las palabras
que son carne del alma
que alimenta las verdades que siempre
cambian
para que no yazcan estancadas

y que sin embargo condensan esa fuerza
que mantiene vivo todo lo que se desangra
porque habitan ese hondo barro sedimentado
al que se llega rascando todo lo que aún no
[había desbordado

convirtiéndose en llaves que abren todos los
[candados
que custodian las brasas del fuego sagrado
que agita la savia entre cálida e hirviente
que empapa de voluntad a todo lo naciente

para encontrar en lo más negro a los únicos,
auténticos compañeros
que son los que nos liberan del universo
inútil, blablablacéntrico,
porque supieron ungirse en la fuente sabia
de las verdaderas palabras
que son las siempre impregnadas en las
realidades que no atan

incrustándose en el centro de todo lo que ama
para que fluya siempre, sublevada, resurgente
la esencia que sostiene todo lo que sana

Semieterno IX
Reunidos

[A Sagitario, ilustración de tapa]

Somos nosotros
Los verdaderos
Centauros alados
Hijos del fuego

Custodios de todo lo sagrado
que arde en el viento
Protegiendo lo que debe ser salvado
transformándolo en eterno

Por eso nuestro Gran Padre, Guardián del
Trueno
nos consagró haciéndonos únicos
portadores
de armas en las doce constelaciones

Para que en nuestra sabiduría
guiemos a las generaciones

Porque somos inbetweeners entre realidad y
                                    [fantasía
vemos a través de la mentira

y con nuestras flechas destruimos toda
                                                    [hipocresía

Y porque creemos en los milagros
somos capaces de crearlos
entendiendo que el único destino
es el que forjamos devuelta del abismo

Eternos exploradores de todas las instancias
que convergen entre cuerpo y alma
Se dice que a través del brazo con nuestro
                                                    [Nombre
se llega al centro de la galaxia

Acaso porque los nuestros están siempre
dispuestos al abrazo pero nunca se tuercen
cuando se trata de practicar y defender
la verdad del corazón valiente

Que es esa que no evita lo que duele
pero nunca lastima adrede
que dice lo que siente sin esconderse
en retazos de realidad que juzgue convenientes
que siempre se nutre de las pasiones que
                                                    [curan
y nunca en las que enceguecen

Y por eso agitamos el corazón entero
en la punta de nuestra flecha
Que disparamos con nuestra fe hecha

de lo mismo que ilumina todas las estrellas

Porque nuestro Arco se ha forjado
para alcanzar todo eso que aún no existe
Y en nuestro cuerpo se solidifica todo lo que
[siempre resiste

Semieterno

Marina Castagnino

Semieterno X
Rechazo

Rechazo la sumisión profunda

que produce la angustia
y esa máscara de serenidad aguda
en la que anida la abulia

Rechazo que la Verdad sea reducida
a un simple promedio de opuestos
Rechazo que se avale la Injusticia
Con la bandera ilusoria del consenso

Rechazo la enorme soberbia
de quienes se arrogan una "Misión" a cumplir
en esta vida
Rechazo que exista violencia
que sea capaz de destruir mi voluntad de
existencia

Rechazo que haya materia
carente de energía y esencia
Rechazo que exista una fuerza
que pueda subyugar mis creencias

Rechazo la oquedad
con la que se esgrimen conceptos abstractos

Rechazo la insustancialidad
con la que se recita lo que es sagrado

Rechazo lo muy totalitario de todo igualismo
que no hace más que decirse "igual" para
marcar y condenar a un "distinto"
Rechazo que exista un Dolor no revele mi
[temple
Rechazo que sea Valiente quien dice que a
[nada le teme

Rechazo la pasividad ante las puertas del
[abismo
Y a la transigencia cuando el Sentir es puesto
[a prueba

Rechazo lo indeleble del destino
Y que se evite sublimar la vulnerabilidad

Rechazo que pueda ser significativa
una tarea realizada sin alegría
Y rechazo la importancia
de todo lo que se hace por jactancia

Rechazo la veracidad de todas las
[conclusiones
que no se celebren con la risa
Y rechazo toda forma de trascendencia
que no priorice la singularidad constante de
[cada Experiencia

Semieterno XI
Ciclos

Hubiese preferido volver a unirme contigo
cuando decidieras no encarnar más hijos
y hayan crecido los míos

Pero te encontraste con la descendencia
de un absurdo silencio que creías perdido
y nos urgió desenredar toda esa herencia
que tan sutilmente había intentado teñirnos

Y necesitamos volver allí donde nuestras
[furias
habían fluido hacia un abrazo infinito
que derrite a su paso todas las angustias
porque contiene en su interior la capacidad
de concedernos toda paz sellando el pacto
que nos ayuda a contagiar
toda vulnerabilidad

Y no pudimos más
que unirnos
para solidificar

lo que debería seguir siendo siempre lo mismo
disolviendo lo que es indistinto

Y luchamos para defendernos de la
[banalización
con la que fueron cubriendo lo que nos [había
partido
los mismos que usaban la palabra "tibio"
[como acusación

porque nunca entendieron todo lo que nos
[costó
llevar todo ese dolor que deía ir a
cristalizarse en el frío
para traer esa pasión que hierve en la
insoportable humedad del calor

Y cuando al fin concluimos
nos devolvimos a los mundos en los que
siempre nació
lo que nunca debería haberse ido

Allí donde se decodifican todos los instintos
para dosificar lo que debe ser extinto
y sembrar lo que debemos exponenciar
cuando existimos

Semietrno XII

Fénix

Sentí el temblor del mundo
y supe que eras vos
que te reías

descorriendo en menos de un segundo
todas las formas
que rompen fantasías

Brillando entre las sombras
que dan sentido a la memoria
que desgarra
siempre y ahora
eso que ya no sirve y que sin embargo
ahonda

Ese infinito que es del todo mío
del todo escindido
del todo querido
del todo existiendo del todo siempre infinito
del siempre todo mío

En el que irrumpiste siempre risueño
porque sabíamos que siempre nos
preferimos ardiendo
ante toda esa densa y volátil indiferencia
que en tus días ya se enraizaba en las
inmensidades de la Tierra

Y que todavía convierte
todo lo existente
en materia inerte

Y preferimos el odio
que por lo menos es caliente,
y preferimos el fuego
que por lo menos sigue siendo doliente

Para enfrentarnos a ese tedio que mataba
lo poco de ameno que quedaba de las almas
transformando todo en combustible y
                                        [carcajadas
a pesar de que sabías cuán difícil era volver a
                                        [sublimarlas

Nos hundimos en las profundas distancias
del abismo que nos separaba
pues aún en su absoluta abulia
¡seguían siendo almas!

Y no dejabas de repetirme que no darles
importancia
era dejarnos caer en la ponzoña de su trampa
Y que debíamos obligarnos a la activa
[resistencia
que se destila en todas las esencias
en las que hierve siempre renaciente
la liberación perpetua

Entonces me reía
sin creer en lo que me decías
pero siempre te seguía

porque admiraba tu destreza
para transformar cada monotonía en
sorpresa
y siempre conseguías devolverle
la vida a cada esquirla de alma
que estaba perdida

Y hoy, que todo temblaba, volví a saber, que,
otra vez, existías
porque desde dónde estés
sentí que reías

Semieterno XIII
No ser de mí

No querías que te vieran
descosiendo todo el miedo y la violencia
que ahondan ardiendo en tu ausencia

No querías que te vieran
aplaudiendo a los refutadores de tendencias
que carcomen lo más íntimo de cada esencia

Pero te vi casi sin darme cuenta
haciendo que cada paso tuyo se convirtiera
en el latido mismo de toda existencia

Y quise que nos devolvieras
de esta constante intermitencia
que me ata a tu influencia

y a la vez conmigo tenerte
mientras todos los por ahora
se transforman en para siempre

Vos que las tintas corrieran
inundando en sus furias todas la escorias
y yo que todo lo que supe se desvaneciera

Hiciste que riera
y casi te doy mis dos llaves: libertad y
[conciencia
Nos reímos devuelta y ya no hubo nada que
[nos contuviera

Semieterno XIV
Sobrevivirás

Te expondrás lo suficiente para no ser temido
pero no tanto que lo sólo tuyo sea distinguido
por operadores que conspiran todas las
[violencias
siempre nutridos de derrotas y abstinencias

Sobreinformarás sin una mentira
para mantener protegidas las realidades más
[íntimas
A todos siempre darás oportunidad, mas si te
[fallan, obrarás
de modo tal que crean que se alejan por su
[propia voluntad

Siempre mantendrás la calma ante los
expendedores de vacuidad
y cuando pretendan inundarte entre ellos, te
[infiltrarás

Resistirás ardiendo y con paciencia los
                              [horadarás
Atestiguando serenamente toda su
ferocidad
Y esparcirás la risa que siempre tomarás
                              [por sanidad

Cuando de tan enorgullecidos de sus
sesgos que les sean inconscientes
te quieran doblegar hasta que pienses
                      [como ellos o marginar
que es lo que entienden por "educar"

Tu espíritu siempre resiliente
los cegará y los segará
El temple de tu alma siempre
incandescente
los cegará y los segará

Y, habiendo visto todo, sobrevivirás

Marina Castagnino

Semieterno XV
Absueltos

No quise asustarte:
Mis expresiones son siempre intensas y
[fugaces
Mas siempre te buscaré como si fueras mío
Y necesitaras ajustar las riendas de tu destino

Y sé que allá, lejos, te sentirás conmigo
siempre indagando mundos distintos
Disfrutando abrazos constantes y subrepticios
subsumidos en ensueños literales e infinitos

Compartiremos nuestro nido con fiebre y
[egoísmo
y no tendremos decepciones ni existiría el
[frío
Y me desearás sin importar
que yo siempre te haya querido

Y nos morderemos con fiabilidad
sublimando ese dolor
que nos ayuda a funcionar mejor

Y estaremos absueltos
de la furia de los tiempos
y nos redimiremos sin esfuerzo
de este presente cruel y violento

Participándonos de esa magia
que disuelve el desencuentro

Seremos libres y eternos
como esos corazones que no tienen dueño
Nos saciaremos en el placer de los silencios
que abrigan la nitidez de los cuerpos

Y las palabras que me duelen hasta los
                                                    [nervios
se olvidarán en un pasado inconexo
que albergará todo lo que nos pierde y nos
                                                    [desgasta

Y te sumergirás con fuerza en todos mis
                                                    [estados
sin sentirte inhibido ni condenado
porque nos habremos inundado
en el optimismo de mis ánimos
para convidarle al futuro de todos nuestros
                                                    [encantos

La Constancia De Abandonarlo Todo

Basta del silencio inoculado
La era del coleccionista ha terminado

Si quieres condenarte
Hazte libre y sígueme

Ahora resplandece el corazón
Lo insondable expiró

El flujo de las eternidades concluyó
con el cuerpo devorando la razón

Y los gritos descontrolados
se hilaron hasta forjar el bello canto
que protege la quintaesencia
de aquello que debe ser salvado

Hemos recorrido el mapa de las cicatrices
para embriagarnos en su espanto

Si quieres condenarte
Hazte libre y sígueme

Destruiremos los axiomas
y todos sus matices

Regurgitaremos escoria
y con su ácido puliremos todas las raíces

Y no habrán escombros
que no hayamos resucitado

Y no habrán colores
que no hayamos reinventado

Y no habrán fantasías
en las que no nos hayamos saciado

Y entonces, por fin,
estaremos listos para partir.

Marina Castagnino

Absurda Persistencia

No fuimos escoria
fuimos diseñados para ser hijos idiotas
Pero nos fuimos recreando para despistar
[avalanchas de pasado
que siempre nos atraviesan entre el susto y el
[asco

Y crecimos sobornados
por el senil encanto de creernos soberanos
Siglos empeñados en hacer visible lo invisible
cuando siempre pretendimos lo contrario

Pero no existimos sin transformar sábanas en
[cuchillos
porque necesitamos ser heridos para
[capitalizar euforias y alivios
Y volver libres y desprotegidos de la cueva
de los miedos vencidos
oliendo a sangre seca y siglos de abstinencia

¡Y cambiamos ese único instante de
conexión con la existencia
por la absurda prepotencia de la mente
pugnando por permanecer despierta!

Tan arraigada e impregnada en cada
partícula de nuestra esencia
que le dejamos hacer de nosotros lo que
quiera sin imponer el menor atisbo de
resistencia

Y nos entregamos sumisos a la ponzoña de
ese monstruo abrasivo
ofreciendo nuestros universos más
complejos a sus antojos más efusivos

Convenciéndonos que nada somos si nos
alejamos de sus dominios
amurallando todo lo concebido
en ese chispazo en que supimos para qué
                                    [existimos

Pero la esperanza es la eterna aliada del
                                    [sufriente
y en ella depositamos todos los despojos de
eso que todavía siente
la poderosa angustia de la pérdida y el
asfixiante dolor de aquella sentencia

que mutila nuestros colores y todo lo que
[somos en potencia

Y así, desvalidos, nos limitamos a entretenernos
[o evadirnos
atravesados por la excitación y el pánico de
todo lo que ahora parece desconocido
y por fin nos desarropamos de siglos de
autoimposición semiológica e imperios
interpretatantes y corrosivos

Postergando todo lo aprehendido para evitar
el precio que sellamos en nuestro pacto con
[el abismo:
nuestra integridad transmutada a esquirla de
olvido en búsqueda de aquello que siempre
[nos ha nutrido

Ironía

No hay salvación
todos huyen
de lo que son

Harta la inocencia
de que su presunción
solo sea excusa y apariencia
para que en experiencia se determine cual
[sentencia

Pues hasta lo contrario sea probado
seguirán tomados por sospechosos
Se les apuntará y maldecirá

Mas quienes se mantengan lánguidos y
[ociosos
Ante la inminencia flagrante de tal verdad
Serían libres: vivirán

Todo cabe y se define
en la palabra que se nombra y se describe
No importa el motivo de la risa
todo lo digiere y purifica

Harto ya el azar
De ser excusa
De quien obtiene lo que no busca

Mienten los que no quieren
superficie y vientre
los que ostentan profundidad
o pretenden escaparle a la suerte

Mas no es mentira lo que estalla
en las muñecas cuando sangran
revelando incandescencias
que atizan marionetas

De ellas desde siempre
toda mentira deviene en evidente
cuando les urge desde su núcleo permanente
que nada las distraiga de los quehaceres de
                                              [sus almas

Que van quedando atrapadas
entre lo que encuentran y lo que quieren
Y no tienen otra forma de protegerse
de la ponzoña ajena para conectarse con lo
                                            [que sienten